Inhalt

Gesetz zur Bekämpfung von Schwarzarbeit und Steuerhinterziehung

Kernthesen

Beitrag

Fallbeispiele

Weiterführende Literatur

Impressum

Gesetz zur Bekämpfung von Schwarzarbeit und Steuerhinterziehung

A.Kaindl

Kernthesen

- Schwarzarbeit und illegale Beschäftigung sollen entschlossener bekämpft werden. Das ist das Ziel des Gesetzes zur Bekämpfung von Schwarzarbeit und Steuerhinterziehung, dass am 1. August 2004 in Kraft tritt.
- Mit dem Gesetz soll vor allem gewerbliche Schwarzarbeit bekämpft werden. Das Gesetz gibt den Fahndern eine Reihe neuer Befugnisse. Außerdem werden in dem Gesetz die Rechtsvorschriften gebündelt und Strafbarkeitslücken geschlossen.

- Zahlreiche Kritiker halten das Gesetz für unzureichend, weil es die tatsächlichen Ursachen der Schwarzarbeit wie hohe Steuern und Abgaben nicht angehe.

Beitrag

Ziel und Bestimmungen des neuen Gesetzes

Die in Deutschland grassierende Schwarzarbeit und illegale Beschäftigung soll entschlossener bekämpft werden. Das ist das Ziel des Gesetzes zur Bekämpfung der Schwarzarbeit und der Steuerhinterziehung, dass der Bundestag am 6. Mai 2004 verabschiedet hat. Das Gesetz landete im Vermittlungsausschuss, in dem sich Koalition und Opposition auf einen Kompromiss verständigten. Damit kann das Gesetz nach Zustimmung von Bundestag und Bundesrat zum 1. August 2004 in Kraft treten. Das Bundesfinanzministerium erklärte, durch die Einigung sei der Weg frei, die illegale Beschäftigung und die damit verbundene Steuerhinterziehung wirksamer zu bekämpfen. (1), (2)

Beim Zoll entsteht derzeit die neue Behörde

Finanzkontrolle Schwarzarbeit. Die Gesamtzahl der Ermittler in Sachen Schwarzarbeit soll auf 7000 Mitarbeiter an 113 Standorten in ganz Deutschland aufgestockt werden. Außerdem werden in dem Gesetz die Rechtsvorschriften gebündelt und Strafbarkeitslücken geschlossen. (1)

Das neue Gesetz gibt den Fahndern eine Reihe neuer Befugnisse. So dürfen die Fahnder Unternehmen ohne Vorankündigung auch außerhalb der offiziellen Bürozeiten aufsuchen. Außerdem erhalten die Fahnder das Recht, Fahrzeuge ohne konkreten Verdacht zu stoppen und zu untersuchen. Sie können künftig für Stichproben etwa Taxis und Kleinbusse stoppen oder Lastwagen auf Autobahnen herauswinken, um Speditionen zu kontrollieren. Bislang ist dieses Anhalterecht der Polizei und dem Bundesamt für Güterverkehr vorbehalten. Das neue Gesetz regelt auch die Zusammenarbeit des Zolls mit anderen Behörden: von der Polizei über die Bundesagentur für Arbeit bis zu den Ausländerämtern und den Finanzverwaltungen. Zollbedienstete können zum Beispiel bei der Bundesagentur für Arbeit online Daten über ausländische Arbeitnehmer abrufen. Finden die Zöllner bei ihren Durchsuchungen Hinweise auf Steuerdelikte, müssen sie in jedem Fall die Steuerfahndung einschalten. Ausdrücklich vorgesehen sind gemeinsame Ermittlungstrupps von

Zoll, Polizei und Finanzverwaltung. Zudem wird der Zoll eine Schwarzarbeitsdatenbank aufbauen, zu der auch Polizei und Finanzverwaltung Zugang haben. (10), (11)

Schwarzarbeit: Sanktionen für Unternehmen und private Haushalte

Mit dem Gesetz soll vor allem gewerbliche Schwarzarbeit bekämpft werden. Die private Nachbarschaftshilfe und gelegentliche Gefälligkeiten bleiben weiterhin zulässig, solange kein nachhaltiges Gewinnstreben damit verbunden sei. Im Übrigen bildeten die Mini-Jobs für geringfügige Beschäftigung eine Brücke in die Legalität. Eine regelmäßige Unterstützung beim Hausbau, die Arbeit als Putzhilfe oder Nachhilfelehrer müssen versteuert werden. Nach dem Gesetz wird die Nichtanmeldung geringfügig Beschäftigter (Mini-Jobs) in Privathaushalten aber nicht als Straftat, sondern nur als Ordnungswidrigkeit geahndet. Dies betrifft sowohl die Hinterziehung von Steuern wie auch die Nichtabführung von Sozialabgaben. Diese Ordnungswidrigkeit ahndet der Gesetzgeber mit einer Geldbuße. In welcher Höhe ist noch offen. Bei der Abgrenzung der Nachbarschaftshilfe zur Arbeit wird auf die Nennung einer Einkommensgrenze verzichtet. (1), (2), (9)

Unternehmen wie Fitnessstudio, Taxiunternehmen oder Freiberufler trifft es härter. Sie begehen bei jeder Form der Beschäftigung von Schwarzarbeitern eine Straftat, die bis zu fünf Jahre Freiheitsentzug oder eine Geldstrafe nach sich ziehen kann. Für eine Straftat sowie Steuerhinterziehung müssen sich auch private Arbeitgeber verantworten, wenn sie eine Aushilfe schwarz beschäftigen, die mehr als 400 Euro im Monat verdient. Gleiches gilt für Selbständige, die ihre privat putzende Aushilfe über die Firma abrechnen. Fliegt eine schwarz arbeitende Putzhilfe auf, sind generell bis zu vier Jahre rückwirkend Sozialabgaben sowie Steuern samt sechs Prozent Zinsen nachzuzahlen. Bezieht der schwarz Beschäftigte Arbeitslosengeld oder Sozialhilfe, muss er mit bis zu drei Jahren Freiheitsentzug oder einer Geldstrafe rechnen. Geht es nicht nur um Missbrauch, sondern um Betrug, fällt die Strafe höher aus. Der Erwischte muss die Leistungen zurück überweisen und für das Gehalt Sozialabgaben und Lohnsteuer plus Zinsen nachzahlen. (9)

Privathaushalte sind künftig verpflichtet, Zahlungsbelege oder andere beweiskräftige Unterlagen zwei Jahre lang aufzubewahren, sofern die erbrachten Leistungen mit einer Immobilie zusammenhängen. Damit soll sichergestellt werden, dass deren Korrektheit nachträglich überprüft werden kann. Mit der Regelung sollen Ohne-Rechnung-Geschäfte reduziert werden. Bei Verstoß gegen die Rechnungslegungs- und Aufbewahrungspflicht drohen Bußgelder. (1), (2)

Die rot-grüne Koalition will, ähnlich wie für Temposünder im Straßenverkehr, auch für Schwarzarbeit einen Bußgeldkatalog schaffen, der typische Vergehen beschreibt und entsprechende Ordnungsgelder festlegt. Betroffen wären nur Ordnungswidrigkeiten, also leichte Vergehen, aber keine Straftaten. (4)

Kritik am Gesetzesvorhaben

Der Generalsekretär des Deutschen Handwerks, Hans-Eberhard Schleyer, vertritt die Auffassung, dass ein Instrumentarium aus Strafen und Bußgeldern nicht ausreiche, um dem Problem der Schwarzarbeit und der damit einhergehenden Steuerhinterziehung wirksam zu begegnen. Die Schwarzarbeit im Handwerk blühe, weil die legale Arbeit mit hohen Steuern und Sozialabgaben belastet ist. (5)

Vertreter von Union und FDP begrüßen zwar das Bestreben, Schwarzarbeit zu vermindern, werfen der Regierung aber vor, mit dem Gesetz nicht die Ursachen der Schwarzarbeit zu beseitigen. Rot-Grün setze lediglich auf Repression und beseitige nicht die Ursachen, nämlich die zu hohen Steuern und Arbeitskosten. (1)

Der Linzer Ökonom Friedrich Schneider stimmt der Oppositions-Kritik zu. Er verweist auf die Erfolge der Mini-Jobs. Diese Jobs, bei denen weniger Steuern und Sozialbeiträge als sonst üblich anfallen, zeigen, wie die Schwarzarbeit bekämpft werden muss. Friedrich Schneider rechnet damit, dass die Schwarzarbeit im Jahr 2004, dank der neuen Mini-Jobs, um rund zehn bis zwölf Milliarden Euro zurückgehen wird. Damit sind die seit einem Jahr geltenden Regeln für Mini-Jobber der wohl erfolgreichste Beitrag zur Bekämpfung der Schwarzarbeit in Deutschland. Der Ökonom fordert eine umfassende Reform des Arbeitsmarkts. Zusätzlich sollten etwa für das Baugewerbe neue Anreize gesetzt werden, indem staatliche Bauförderung mit den Arbeitskosten verknüpft werde. Allein eine stärkere Überwachung bringe nichts. Gut 97 Prozent der Bevölkerung betrachteten Schwarzarbeit als Kavaliersdelikt und sind nicht bereit, Schwarzarbeit anzuzeigen. (5)

Fallbeispiele

Nach Expertenschätzungen dehnte sich die Schattenwirtschaft in Deutschland seit 1990 um ein Viertel auf rund 370 Milliarden Euro im Jahr 2003 aus, was ca. 17 Prozent des Bruttoinlandsprodukts entspricht. Dadurch gehen dem Staat Steuern und Sozialabgaben in Milliardenhöhe verloren. Allein bei der Mehrwertsteuer könnten die Ausfälle durch die Schattenwirtschaft im Jahr 2003 rund 17 Milliarden Euro erreicht haben. Die Quote an Steuerhinterziehungen bei der Mehrwertsteuer dürfte auf elf (im Jahr 2002: gut zehn) Prozent gestiegen sein. Ernüchterndes Ergebnis von Razzien im ersten Halbjahr 2004: Auf Großbaustellen stuften Zöllner 14 Prozent der Überprüften als Schwarzarbeiter ein, im Güterverkehr 13 Prozent, in Spielhallen 20 Prozent, in der Gastronomie gar 25 Prozent. (3), (10), (12)

Im Jahr 2003 sind im Bereich Schwarzarbeit 310 000 Ordnungswidrigkeiten geahndet worden. In zwei Drittel der Fälle ging es darum, dass illegal Beschäftigte zu Unrecht Sozialleistungen bezogen hatten. (4)

Die Schwarzarbeit ist in Deutschland im Jahr 2004

offenbar deutlich zurückgegangen. Zu diesem Ergebnis kommt eine Studie des Instituts der deutschen Wirtschaft. Grund seien die Lockerung der Handwerksordnung, die Vereinfachungen und großzügigeren Regelungen bei den Mini-Jobs und vor allem die länger werdenden Arbeitszeiten. Das gesamte deutsche Arbeitsvolumen, so die Studie, liege bei 55,5 Milliarden Stunden im Jahr. Davon würden neun Milliarden Stunden von Selbständigen geleistet, der Rest von den abhängig Beschäftigten. Während ein Selbständiger 2132 Stunden im Jahr leistet, kommen Arbeiter und Angestellte auf 1659 Stunden. Bei rund 46 Prozent der Deutschen ist nach Umfrageergebnissen die Bereitschaft zur Schwarzarbeit vorhanden, bislang arbeiteten sie nach ihren eigenen Angaben im Schnitt 55 Stunden im Jahr schwarz; Experten wie der Linzer Arbeitsökonom Friedrich Schneider gehen allerdings von bis zu 150 Stunden aus und errechnen ein Schwarzarbeitsvolumen von 2,1 Milliarden Stunden im Jahr. Diese Kapazität von 55 bis 150 Stunden, die Berufstätige bereit sind mehr zu arbeiten, werde abgebaut, wenn die Beschäftigten an ihrem regulären Arbeitsplatz länger arbeiten müssten. So zumindest argumentieren die Experten. (7)

Laut einem von der EU-Kommission veröffentlichten Bericht schwankt der geschätzte Anteil der Schwarzarbeit am Bruttoinlandsprodukt in der EU zwischen unter 2 Prozent und über 20 Prozent. Die Ursachen sind ebenso vielfältig wie die möglichen Abhilfemaßnahmen. Der Bericht enthält erstmals Schätzungen zum Ausmaß der Schwarzarbeit in der erweiterten EU, wobei die Daten für die einzelnen Staaten weit auseinander klaffen. Unter den alten EU-Mitgliedsstaaten weisen Italien mit 16 bis 17 Prozent und Griechenland mit über 20 Prozent sehr hohe Anteile aus, während die übrigen Länder zwischen 1,5 und 6,5 Prozent liegen. Die tiefsten Schätzungen werden für Österreich, Großbritannien und die Niederlande gemeldet. In den neuen Mitgliedsstaaten sowie den beiden erfassten Kandidatenstaaten (Bulgarien und Rumänien) ist die Schwarzarbeit stärker verbreitet, wobei die Experten drei Gruppen unterscheiden: In Tschechien, Estland und der Slowakei liegt das Niveau zwischen 8 und 13 Prozent des Bruttoinlandsprodukts, und es nimmt ab; in Litauen, Lettland, Polen, Slowenien und Ungarn ist es mit 14 bis 23 Prozent höher, aber ebenfalls abnehmend; Bulgarien und Rumänien haben hohe Anteile von über 20 Prozent mit steigender Tendenz. Die Beseitigung der Schwarzarbeit zählt seit 2003 zu den Prioritäten der EU-weiten Koordination der Beschäftigungspolitik, zumal sie unter anderem dem Staat Steuereinnahmen entzieht, die Schwarzarbeiter ohne soziale Sicherung lässt und Marktverzerrungen verursacht. Die konkrete Politik liegt aber in der Kompetenz der Mitgliedsstaaten. Die Autoren der

Studie legen den Schwerpunkt auf Anreize, vorbeugende Aufklärungskampagnen und Ethik-Codes sowie in den neuen Mitgliedsstaaten die Stabilisierung der sozialwirtschaftlichen Situation und die Entwicklung demokratischer Institutionen. (8)

Weiterführende Literatur

(1) Regierung und Opposition streiten über die Schwarzarbeit
aus Frankfurter Allgemeine Zeitung, 07.05.2004, Nr. 106, S. 11

(2) O.V., Einigung auf Gesetz gegen Schwarzarbeit, Süddeutsche Zeitung vom 02.07.2004. S. 8
aus Frankfurter Allgemeine Zeitung, 07.05.2004, Nr. 106, S. 11

(3) O.V., Rot-Grün bringt Gesetz gegen Schwarzarbeit durch, Spiegel Online vom 06.05.2004
aus Frankfurter Allgemeine Zeitung, 07.05.2004, Nr. 106, S. 11

(4) Schäfer, Ulrich, Koalition plant Bußgeldkatalog für Schwarzarbeit, Bundestag beschließt Änderungen an Eichels Gesetzentwurf / Auch Sozialversicherungsausweis bleibt erhalten, Süddeutsche Zeitung vom 07.05.2004, S. 6
aus Frankfurter Allgemeine Zeitung, 07.05.2004, Nr.

106, S. 11

(5) Gesetz gegen Schwarzarbeit nimmt erste Hürde Union setzt auf Vermittlungsverfahren · Experte erwartet 2004 erstmals Minus bei Schwarzarbeit von 12 Mrd. Euro
aus Financial Times Deutschland vom 07.05.2004, Seite 14

(6) Der Weg für das neue Gesetz zur Bekämpfung der Schwarzarbeit ist frei
aus Frankfurter Allgemeine Zeitung, 02.07.2004, Nr. 151, S. 13

(7) Banze, Sonja, Institut erwartet Rückgang der Schwarzarbeit, Welt am Sonntag, Jg. 57, 04.07.2004, S. 26
aus Frankfurter Allgemeine Zeitung, 02.07.2004, Nr. 151, S. 13

(8) Schwarzarbeit im Süden und Osten der EU Grosse Unterschiede zwischen den Mitgliedstaaten
aus Neue Zürcher Zeitung, 06.07.2004, Nr. 154, S. 21

(9) Schwarzarbeit: Welche Strafen drohen TITEL: Sozialstaat Deutschland - Die Wende / Unternehmen müssen künftig mit härteren Sanktionen rechnen. Für private Haushalte bringt das neue Gesetz keine schärferen Regeln aber die Risiken sind ernst zu nehmen.
aus Capital vom 08.07.2004, Seite 28

(10) Schlag gegen Schattenjobs TITEL: Sozialstaat Deutschland - Die Wende / Mit härteren Kontrollen geht der Staat künftig gegen Unternehmer vor, die im großen Stil Schwarzarbeit organisieren. Bei Privathaushalten setzt die Politik dagegen eher auf Anreize als auf Strafen.
aus Capital vom 08.07.2004, Seite 26

(11) "Schnell zuschlagen" Der Staat rüstet auf: Eine neue Beamten-Heerschar soll die Schwarzarbeit quer durchs Land eindämmen. Doch die Fahnder können nur die Symptome bekämpfen.
aus Capital vom 27.05.2004, Seite 24

(12) Zweifel am Gesetz gegen Schwarzarbeit
aus Die SparkassenZeitung, 21.05.2004, Nr. 21, S. 3

(13) Kommentar zum Entwurf eines Gesetzes zur Intensivierung der Bekämpfung der Schwarzarbeit und damit zusammenhängender Steuerhinterziehung
aus Ifo Schnelldienst, Heft 9/2004, S. 10-17

Impressum

Gesetz zur Bekämpfung von Schwarzarbeit und Steuerhinterziehung

Bibliografische Information der deutschen Nationalbibliothek

Die Deutsche Nationalbibliothek verzeichnet diese Publikation in der deutschen Nationalbibliografie; detaillierte bibliografische Daten sind im Internet über http://dnb.d-nb.de abrufbar.

ISBN: 978-3-7379-1318-8

© 2015 GBI-Genios Deutsche Wirtschaftsdatenbank GmbH, Freischützstraße 96, 81927 München, www.genios.de

Alle Rechte vorbehalten. Dieses Werk ist einschließlich aller seiner Teile – z.B. Texte, Tabellen und Grafiken - urheberrechtlich geschützt. Jede Verwertung außerhalb der Grenzen des Urheberrechtsgesetzes bedarf der vorherigen Zustimmung des Verlags. Dies gilt insbesondere auch für auszugsweise Nachdrucke, fotomechanische

Vervielfältigungen (Fotokopie/Mikroskopie), Übersetzungen, Auswertungen durch Datenbanken oder ähnliche Einrichtungen und die Einspeicherung und Verarbeitung in elektronischen Systemen.